REBECA

Guadalupe Seijas
de los Ríos-Zarzosa

REBECA

SAN PABLO

Colección dirigida por Silvia Martínez Cano

Guadalupe Seijas de los Ríos-Zarzosa es profesora del área de Estudios hebreos y arameos de la Universidad Complutense de Madrid, donde imparte clases de Lengua, Literatura y Religión judía. En la actualidad coordina el Programa de Doctorado en Ciencias de las Religiones. Su investigación se centra en la influencia de la Biblia en las manifestaciones culturales y, de manera especial, en la representación de las mujeres bíblicas en el arte. Desde 2017 es directora del grupo de investigación *Biblia: textos e iconografía.* https://www.ucm.es/bibliatextoseiconografia/.

© SAN PABLO 2025
Protasio Gómez, 11-15. 28027 Madrid
Tel. 917 425 113
secretaria.edit@sanpablo.es - www.sanpablo.es
© Guadalupe Seijas de los Ríos-Zarzosa, 2025
© Ilustración de portada: Silvia Martínez Cano, 2025
© Ilustraciones de interior: Montserrat Martín Blanco, 2025

Distribución: SAN PABLO. División Comercial
Resina, 1. 28021 Madrid
Tel. 917 987 375
ventas@sanpablo.es
ISBN: 978-84-285-7434-1
Depósito legal: M. 21.789-2025
Printed in Spain. Impreso en España

Introducción[1]

¿Quién es Rebeca? ¿La esposa de Isaac? ¿La madre de Esaú y Jacob? ¿La joven que acude al pozo? ¿La anciana manipuladora que engaña a su marido? Sin duda la escena del compromiso (Gén 24) y la de la bendición de Isaac (Gén 27) son las más conocidas, pero hay otros textos que aportan claves esenciales para entender quién fue este personaje. Analizando estos textos conoceremos a una mujer cuya participación en el cumplimiento de los designios divinos fue decisiva. Es muy probable que descubramos en ella facetas inesperadas y, sobre todo, situaciones que nos resultan muy cercanas.

[1] Este trabajo forma parte del Proyecto Andrómeda: «Mito y representación: actividades teórico-prácticas de innovación en mitocrítica cultural» (PHS-2024/PH-HUM-76), financiado por la Comunidad de Madrid.

Algunas palabras nos ayudarán a ubicar el análisis de este personaje de la tradición de los patriarcas y matriarcas de Israel:

- *Promesa:* La promesa que hizo Dios a Abrahán y que se renueva con cada uno de sus descendientes es doble: poseer una tierra y convertirse en un gran pueblo. Ambas cuestiones son cruciales para la supervivencia del grupo. De ahí que las matriarcas tengan un papel destacado como el medio físico a través del cual es posible la continuidad biológica.

- *Mujeres fuertes:* La tradición judía agrupa bajo esta etiqueta a un total de 22 mujeres bíblicas que son dignas de elogio y que por sus méritos se equiparan a la «mujer fuerte» descrita en Prov 31. Todas ellas son ejemplos de conducta, cuyas virtudes muestran a las mujeres el comportamiento que deben seguir. En esa lista se incluye a Rebeca.

- *Matriarcas:* Con el término *matriarcas* nos referimos a las esposas de Abrahán, Isaac y Jacob. Sin embargo, estas mujeres no solo deben ser vistas como cónyuges y madres. Visibilizarlas, diferenciarlas y recuperar su aportación en la historia de los comienzos del pueblo de Israel es una tarea fundamental e imprescindible.

- *Agencia:* El sustantivo *agencia* viene del latín y significa «el que hace». Se relaciona con verbos como *lograr, conseguir, alcanzar, organizar* o *disponer* y se asocia a *diligencia.* Rebeca encarna este concepto en su trayectoria vital. Es una mujer que, a través de sus palabras y acciones, persigue un objetivo claro.

- *Matrimonios mixtos:* La historia de Rebeca tiene su origen en el deseo de Abrahán de que su hijo se case con una mujer del grupo étnico propio. Puesto que Esaú se casó con mujeres hititas, evitar que Jacob haga lo mismo es crucial. En realidad, los relatos patriarcales se hacen eco de una problemática posterior, cuando los israelitas que habían sido exiliados a Babilonia regresan a Judá. Los libros de Esdras (9,1-4;10) y Nehemías (13,23-31) recogen la prohibición de los matrimonios mixtos, basando la identidad del pueblo en una visión nacionalista y excluyente.

Por el contrario, el libro de Rut ofrece una propuesta alternativa: una identidad basada en la adhesión a Dios y no en la etnia, atribuyendo al extranjero recibe una valoración positiva.

Además, las emociones serán el hilo conductor de estas páginas. Aunque la Biblia es remisa a describirlos, en la historia de Rebeca los encontramos tanto de manera explícita como implícita. Sus sentimientos nos muestran a una mujer activa, decidida y segura, que sabe quién es y qué debe hacer para lograr sus objetivos. Por otra parte, las obras de arte nos presentan una determinada visión de este personaje según las épocas, pero también ponen de relieve aspectos novedosos de esta matriarca, como por ejemplo la interculturalidad y la configuración de identidades mixtas. Además, nos detendremos a contemplar algunas imágenes que nos ayudarán en nuestra comprensión de esta matriarca.

Rebeca e Isaac

Los personajes femeninos de los relatos patriarcales suelen construirse a partir del enfrentamiento con otra mujer. Sara y Agar son rivales que compiten entre sí por dar un hijo a Abrahán contraponiendo el estatus de cada una (ama-esclava), la edad (anciana-joven) y el origen (perteneciente al propio grupo-extranjera). Raquel y Lía también son rivales a pesar de ser hermanas. La primera, bella y amada pero estéril; la segunda, poco agraciada y poco valorada pero fecunda. Ambas se pelean por lograr el favor del esposo que comparten. Sin embargo, el cliché de «rivalidad entre mujeres» no se aplica en el caso de Rebeca. En su lugar, nos hallamos ante una «mujer fuerte» que emerge teniendo en el trasfondo a un varón débil. Isaac no es un héroe ni destaca por su valentía. Su padre no le permite emprender viaje para buscar esposa porque no quiere poner en peligro la vida de su único hijo. En su lugar envía a un servidor de su máxima confianza. En el episodio del sacrificio de Isaac todo el peso del relato recae en su padre Abrahán, donde subraya su total obediencia a Dios. Isaac es simplemente la víctima y su participación en la escena casi pasa desapercibida. Finalmente, en otro pasaje, la bendición de Jacob, se nos muestra como un anciano invidente que es fácilmente engañado. En resumen, Isaac no se ajusta al estereotipo de varón aguerrido y resuelto que predomina en la trama de las historias de los patriarcas. En su lugar es Rebeca la que asume un papel destacado.

La elección de Rebeca

El episodio de Génesis 24 llama la atención por su extensión. De hecho, es el capítulo más largo de toda la Biblia. El narrador subraya la importancia de los acontecimientos mediante la repetición, volviendo a contar lo sucedido a través del discurso. El ritmo del relato es deliberadamente lento y minucioso en la enumeración de los detalles.

El profesor Robert Alter identificó en la Biblia una serie de relatos que denominó *escenas tipo* o *convenciones literarias.* Son episodios que se caracterizan por incluir una serie de elementos que forman parte de la convención en un orden establecido. Algunos ejemplos serían los relatos que anuncian el nacimiento de un héroe a partir de una madre estéril; el peligro en el desierto y el posterior descubrimiento de un pozo o de otra forma de sustento, o el encuentro con el futuro prometido en un pozo o fuente de agua.

El esquema del «encuentro con el futuro prometido en el pozo» sería:

- El novio –o un sustituto– viaja a una tierra extranjera.
- Allí encuentra una muchacha.
- Uno de ellos –el hombre o la mujer– saca agua de pozo.
- Una muchacha o varias corren a casa para anunciar la noticia de la llegada de un extraño.
- Finalmente se concierta el matrimonio mediante el compromiso entre el extranjero y la muchacha. En la mayoría de los casos, este hecho se produce tras ser invitado a una comida.

Rebeca (Gén 24), Raquel (Gén 29,1-14) y Séfora (Éx 2,15-21) protagonizan tres versiones de este tipo de relato, cada una de ellas con una extensión muy dispar. El primer relato es extenso y minucioso, el segundo es bastante más breve, mientras que el tercero es una versión muy condensada de la convención.

Es importante subrayar que estos textos no son meras repeticiones. En ocasiones, se omite algún elemento o se introducen cambios en la secuencia de hechos. Las modificaciones introducidas en relación con la secuencia tipo buscan destacar un elemento preciso. Lo interesante es ver cómo se aplica este esquema en cada relato y de qué manera se innova. Este tipo de escenas nos ofrecen un diálogo entre la necesidad de utilizar formas que el auditorio pueda identificar con facilidad y el deseo de transformar estas formas porque una simple repetición automática no constituye sin más un mensaje.

Por lo tanto, a través de la convención no solo se reconoce formalmente un tipo particular de esquema narrativo, sino que dicha escena también se vincula con una larga cadena de sentido histórico y teológico, es decir, se pone en contacto con otros relatos de la tradición bíblica. De ahí que recurrir a una idea previa sea tan importante como la innovación.

En Gén 24 aparecen todos los elementos de la convención. La salida del héroe desde el círculo familiar hacia el mundo exterior es representada mediante el viaje del criado a una tierra extranjera. En el viaje Isaac no aparece. Es el único caso en el que la negociación no la hace directamente el novio, lo cual supone un cambio notable en la convención.

En consecuencia, el papel desempeñado por los novios se aleja un tanto de lo esperado. El pozo y el agua son símbolos de fertilidad, y posiblemente también de lo femenino. El ofrecimiento de agua establece un vínculo entre el extranjero y la muchacha. Rebeca echó a correr a casa de su madre para contarle lo sucedido. Finalmente se concreta el compromiso, tras la entrega de regalos, la negociación y el banquete.

Abrahán encarga a su siervo que vaya a Aram Nahrayim, la tierra natal del patriarca, para buscar esposa a Isaac, con la intención de evitar que se case con una muchacha extranjera, es decir, con una que «no es de los nuestros». Al siervo le preocupa fracasar en la misión, pero Abrahán le tranquiliza: el Ángel de Dios le guiará y, en última instancia, será la muchacha quien elegirá o rehusará acompañarle, quedando liberado de toda responsabilidad.

El servidor llega al pozo con sus camellos al atardecer, justo cuando las muchachas acuden al lugar a sacar agua. En ese momento invoca a Dios para que le guíe en su elección: «La muchacha a quien yo diga: "Inclina, por favor, tu cántaro para que yo beba" y ella responda: "Bebe, y también voy a abrevar tus camellos", esa sea la que tienes designada

para tu siervo Isaac» (Gén 24,4). Precisamente en ese momento aparece una joven con un cántaro. Es Rebeca. El narrador la nombra al tiempo que menciona su belleza, soltería y origen, pues especifica el grado de parentesco con la familia de Abrahán (v. 5). Tres cualidades que hacen de ella la candidata perfecta. El narrador nos comunica una información de la que carece el mensajero, anticipando el desenlace de la historia. El servidor le pide de beber y Rebeca accede inmediatamente. A continuación, se ofrece a saciar la sed de diez camellos que llevan viajando mucho tiempo ¡con un solo cántaro!, lo que da fe de su generosidad y abnegación. Además, no experimenta ningún temor ante un desconocido ni lo evita. Y cuando el extranjero le regala algunas de las joyas que trae consigo, su actitud no cambia. En cambio, la reacción de Labán, el hermano de Rebeca, es muy distinta pues solo al ver el anillo y los brazaletes se muestra hospitalario con el desconocido. Las palabras y acciones de Rebeca nos muestran a una mujer decidida, con iniciativa, que sabe lo que hay que hacer y no rehúye el duro trabajo. Además, Rebeca ofrece alojamiento al siervo y a sus camellos. El encuentro con Labán y el resto de la familia permite el desarrollo de las negociaciones. El narrador se explaya en detalles como la entrega de joyas y regalos y el lenguaje diplomático, elementos cruciales para el desarrollo del acuerdo matrimonial. Tras las negociaciones, Rebeca acepta ser la esposa de Isaac.

En distintos momentos del relato el servidor se va dando cuenta de cómo Dios ha guiado sus pasos y le ha conducido hasta Rebeca, cuyo origen y comportamiento hacen de ella la novia ideal. En este punto conviene recordar que en la descendencia de Najor, el hermano de Abrahán, Rebeca es la única hija mencionada (Gén 22,23). El resto de nombres corresponde a hijos varones. Este versículo nos pone sobre aviso de la importancia que tendrá esta mujer en los relatos patriarcales.

Es necesario reparar en un último detalle. La familia de Rebeca quiere retrasar la partida de la novia. ¿Quién sabe cuándo se volverán a ver? Así que insisten en que Rebeca permanezca junto a ellos unos días más. Ante las prisas del enviado le preguntan su parecer y ella responde con una sola palabra, que en hebreo incluye el matiz de deseo y que se puede traducir: «Quiero ir». Rebeca no sabe cómo será Isaac ni lo que le espera en su nuevo hogar. Se enfrenta a un futuro desconocido e

incierto. A pesar ello, está decidida. No se aferra a lo que a partir de ahora será su pasado, sino que mira hacia delante, a lo que será su nueva vida. Nos evoca aquellos momentos en que tenemos claro que debemos afrontar cambios importantes en nuestras vidas, cambios que nos conducirán por un camino desconocido e imprevisible. Son momentos de crecimiento y transformación que aúnan la profunda convicción de que necesitamos recorrer una senda nueva con la conciencia de la incertidumbre que nos depara el futuro. Cuando Rebeca responde: «Quiero ir», utiliza el mismo verbo que emplea Dios cuando le dice a Abrahán: «Sal de tu tierra...» (Gén 12,1). De esta manera se establece un vínculo entre los dos viajes: ambos forman parte del plan de Dios y están marcados por el desafío que supone enfrentarse a lo desconocido.

Las obras de arte nos ayudan a percibir otro matiz. La artista Siona Benjamin nació en Bombay

(1961) y creció en una comunidad judía india, rodeada de otras religiones. Más tarde se trasladó a Estados Unidos sola, dejando a su familia en la patria de origen. Su arte se caracteriza por ser ecléctico y personal. En 2004 terminó el proyecto *Finding Home* («Encontrando un hogar»), una serie de dibujos realizados con la técnica de *gouache* sobre papel, en los que presenta una iconografía simbólica que invita a la reflexión. En esta serie aborda el concepto de «el otro» a través de temas como el hogar, la identidad, la emigración o la maternidad.

Dibujo nº 67, *Las nuevas ropas del inmigrante (Rebeca)*, Siona Benjamin.

El dibujo nº 67 lleva por título *Las nuevas ropas del inmigrante (Rebeca),* asociando a Rebeca con el abandono del propio hogar. Podemos percibir una identificación entre la vida de la artista y la del personaje bíblico. Una mujer con rasgos faciales hindúes permanece erguida con un cántaro a sus pies, el símbolo que identifica a Rebeca en la iconografía. Lleva una tela enrollada al cuerpo a modo de sari. La parte de la falda tiene un estampado de franjas rojas y blancas que, a la altura del hombro, se transforma en una capa de color azul cuajada de estrellas, evocando la bandera de Estados Unidos. Por último, la elección de Rebeca apunta a su fe judía. El lugar de su nacimiento, el lugar donde vive en la actualidad y su identidad religiosa se integran en la propuesta visual de este personaje. Y ello es posible porque Rebeca ha abandonado a su familia y su tierra para dirigirse a otro lugar. Ello conlleva asimilar lo que procede de otra cultura, adaptarse a otras costumbres, habituarse a otros olores y sabores, aprender a hacer las cosas de forma diferente, incorporar otras expresiones en su forma de hablar… Desde esa experiencia compartida de interculturalidad, de asomarse ante una mentalidad diferente y de construir una identidad nueva capaz de aunar lo propio y lo ajeno, Rebeca abre ante nosotros nuevas posibilidades de reflexión. Es significativo que Siona Benjamin ponga en la mano de Rebeca un espejo en el que se mira dejando abierta la pregunta de qué imagen le devuelve el espejo y de cómo se percibe a través de lo que ve.

Por otra parte, la mención de Rebeca en la descendencia de Najor, las palabras tranquilizadoras de Abrahán a su criado, la súplica de este último invocando a Dios y, más tarde, las oraciones de acción de gracias en reconocimiento de la intervención de Dios para elegir esposa apuntan a que la elección no ha sido casual. Rebeca es elegida por Dios no solo para ser la esposa de Isaac sino, como profundizaremos más adelante, para contribuir decisivamente en los planes de la divinidad. La providencia divina está detrás de estos hechos. La interpretación posterior de este episodio hizo de Rebeca un ejemplo de conducta y un modelo a imitar por su generosidad, disponibilidad y capacidad de acogida. En la Baja Edad Media se difundió la interpretación tipológica según la cual los acontecimientos de la vida de Cristo ya habían sido anticipados en pasajes del Antiguo Testamento. En este sentido, la anunciación de María se relaciona con Génesis 24. La reacción de Rebeca ante el criado de Abrahán anticipa la de la Virgen que acepta la propuesta del ángel de ser la madre de Jesús. Más tarde, en el concilio de Trento se resaltará la hospitalidad de Rebeca. Todas estas virtudes potencian un tipo de mujer destinada al cuidado de los demás, cuyo ámbito natural es el hogar.

El encuentro con Isaac

Al final del viaje, Isaac y Rebeca se encuentran por primera vez en campo abierto:

Una tarde había salido Isaac de paseo por el campo, cuando, al alzar la vista vio que venían unos camellos. Rebeca a su vez alzó sus ojos y, viendo a Isaac, se apeó del camello. Luego dijo al siervo: «¿Quién es aquel hombre que camina por el campo a nuestro encuentro?». Dijo el siervo: «Es mi señor». Entonces ella tomó el velo y se cubrió. El siervo contó a Isaac todo lo que había hecho e Isaac introdujo a Rebeca en la tienda, tomó a Rebeca que pasó a ser su mujer, y él la amó. Así se consoló Isaac por la pérdida de su madre (Gén 24,67).

Dos palabras emergen con fuerza en este episodio: amor y consuelo, los sentimientos que experimenta Isaac. Queda claro que la presencia de Rebeca le permite superar la pérdida de su madre y le devuelve la alegría de vivir. Un nuevo horizonte se abre ante él. La oscuridad queda atrás a gracias a su nueva esposa.

La maternidad de Rebeca

Al igual que Sara y Raquel, Rebeca es estéril, pero a diferencia de ellas, esta circunstancia apenas ocupa espacio en Génesis 25. Sara busca una alternativa en Agar, mientras Raquel increpará a Jacob y peleará con Lía por conseguir unas mandrágoras, cuyo efecto afrodisíaco favorecería la gestación. En cambio, Rebeca no hace nada para cambiar su situación. Tras veinte años de matrimonio sin descendencia, Isaac ora a Dios y Rebeca concibe. Durante el embarazo siente que algo extraño ocurre en sus entrañas y ante la angustia que le embarga busca una respuesta: «Pero los hijos se entrechocaban en su seno. Ella se dijo: "Siendo así ¿Para qué vivir?". Y fue a consultar a Yavé. Yavé le dijo: "Dos pueblos hay en tu vientre, y dos naciones de tus entrañas se han de separar; y una nación será más fuerte que la otra, y la mayor servirá a la menor"» (Gén 25,22-23). Rebeca tendrá mellizos.

El texto hebreo de la pregunta que se hace Rebeca no es fácil de entender porque la frase parece incompleta. Las traducciones ofrecen una cierta variedad: «¿para qué vivir?», «¿para qué estoy aquí?», «¿qué va a ser de mí?», «¿para esto he concebido yo?». Todas estas propuestas coinciden en la necesidad que tiene Rebeca de entender lo que le pasa y el desasosiego que experimenta. Sin embargo, no acude en busca de consejo y consuelo a otras mujeres que podrían compartir con ella sus experiencias de maternidad, sino que consulta directamente a Dios. La respuesta divina apunta al futuro. En ella habitan dos naciones que estarán enemistadas entre sí, anunciándole que la mayor servirá a la menor (Gén 25,23). Estas palabras nos indican que Dios le comunica a Rebeca sus planes y le anticipa que la bendición de la promesa recaerá en Jacob, que será el elegido. Rebeca es la única matriarca a la que Dios le habla y que conoce los planes divinos con antelación. Se trata de una información crucial que Isaac ignora. Lo que Dios le ha revelado será determinante para valorar la actuación de Rebeca a favor de Jacob.

Podemos preguntarnos cómo vivió Rebeca la maternidad. La rivalidad entre sus hijos se evidencia desde el momento del parto. Sus dos hijos son muy diferentes. Esaú es cazador y le gusta el campo y la aventura. Jacob es pastor y prefiere el hogar y la tranquilidad. Isaac se siente más cercano a Esaú y Rebeca a Jacob. De hecho, Jacob es presentado como «hijo de Rebeca» en Gén 29,12. ¿Cómo vivir esta realidad? ¿Cómo afrontar que se puede experimentar una mayor sintonía y complicidad con uno de nuestros hijos o hijas? ¿Cómo manejar este sentimiento para que no sea percibido como rechazo por el resto de hijos e hijas? ¿Se es «mala madre» por experimentar una mayor cercanía con uno o una de ellos? ¿Debe este sentimiento avergonzar a la madre de lo que siente? ¿Debe rechazarlo o asumirlo? Rebeca apunta a esta realidad con su experiencia de maternidad y nos invita a pensar sobre ello.

Por otra parte, Esaú se casa con mujeres hititas formando un matrimonio exógeno, contraviniendo las costumbres del clan. Su comportamiento provoca una profunda amargura en Rebeca e Isaac (Gén 26,35). ¿Cómo manejar las decepciones que provocan algunas de las decisiones de los hijos e hijas? ¿Cómo reaccionar cuando los esfuerzos y energías empleadas por los progenitores en transmitir los valores esenciales caen en el olvido? Es frecuente sentir que se ha fallado en la educación de los hijos e hijas, incluso pensar que ellos han traicionado a sus progenitores. El amor de madres y padres ¿sigue siendo incondicional o se ve afectado por la decepción?

Pero Rebeca conoce bien a sus hijos. Sabe cómo es Esaú y cómo reaccionará cuando sea consciente de que ha perdido la primogenitura. Movido por la ira y la humillación, querrá matar a Jacob. Si esto sucediera sería una desgracia tremenda pues perdería a sus dos hijos a la vez (Gén 27,45): uno como asesino, sobre el que recaería el correspondiente castigo, y el otro asesinado. Como mujer de acción que es, Rebeca interviene para evitarlo. Le pide a Jacob que se marche a Harán con su tío Labán, poniendo distancia entre los dos hermanos. El amor de su madre le salvará la vida. Rebeca ofrece una solución beneficiosa para sus dos hijos, pero muy dolorosa para ella. No puede saberlo, pero nunca más volverá a ver a Jacob. No hay ninguna mención en la Biblia que nos haga pensar que Jacob se volvió a encontrar con su madre tras su viaje a Harán.

El dolor por la ausencia del hijo amado quedará por siempre en su corazón.

A continuación, el relato bíblico nos ofrece una segunda explicación del viaje de Jacob: «Rebeca dijo a Isaac: "Me da asco vivir al lado de las hijas de Het. Si Jacob toma mujer de las hijas de Het como las hay por aquí, ¿para qué seguir viviendo?"» (Gén 27,46). De nuevo, la problemática de los matrimonios mixtos, que sería aún más terrible si sucede con Jacob. En esta ocasión la iniciativa de Rebeca le lleva hablar con Isaac para que este intervenga y, tras la conversación, Isaac ordena a Jacob emprender viaje para encontrar esposa entre su familia lejana. Sin embargo, las palabras de Rebeca reflejan una profunda amargura que le hace perder el gusto por la vida. Rebeca demuestra que, ante los conflictos, sabe interpretar los acontecimientos, analizar la situación y crear estrategias que eviten desgracias, ya sea la muerte de Jacob o los matrimonios indeseados. Es consciente de la gravedad de los hechos en dos cuestiones de vital importancia para su matrimonio. Y, por ello, asume la responsabilidad de actuar.

Rebeca en peligro

La belleza de Rebeca se vuelve a mencionar en Gén 26,1-14. Isaac esconde que es su esposa y la hace pasar por su hermana. Le preocupa que su atractivo le ocasione problemas, llegando a temer por su propia vida. Este episodio nos recuerda a Gén 12,10-20 y Gén 20, aunque en estos dos capítulos es Abrahán el que hace pasar a Sara por su hermana. Se trata de tres versiones de un mismo relato sobre la esposa en peligro.

Este episodio es el único en el que Rebeca no se muestra como una mujer fuerte e independiente. Ella, que se caracteriza por sus acciones y sus palabras, aquí permanece en silencio, sin intervenir en los acontecimientos. Carece de todo protagonismo en la escena. Isaac solo se preocupa por su propia vida. No repara en las consecuencias de sus palabras, que habrían hecho de Rebeca una víctima de violencia sexual. Sin embargo, pasa mucho tiempo sin que nada suceda. Por otra parte, Dios le manda a Isaac que vaya a Guerar y le asegura su protección (Gén 26,3). No parece, pues, que Isaac esté en peligro. En consecuencia, en este pasaje la valoración de Isaac es bastante negativa. Con todo, a Rebeca no le sucede nada porque antes de que ocurra lo peor, Abimelec, el rey filisteo, ve desde su ventana cómo Isaac acaricia a Rebeca. Indignado llama a Isaac, le recrimina su mentira, que podría haber tenido consecuencias desastrosas, y se compromete a protegerles. A diferencia de las otras versiones del relato de «la esposa en peligro», Rebeca no es llevada ante el rey. El tema central es el comportamiento ético de Isaac y de Abimelec.

La bendición de Jacob

Con frecuencia este episodio ha sido interpretado erróneamente. Leído fuera de contexto y sin tener en cuenta todo lo que se ha dicho de Rebeca hasta ahora, la lectura resultante nos presenta un caso típico de mujer pérfida que manipula a los varones para lograr que cumplan sus deseos. Como veremos, es una interpretación marcada por prejuicios e ideas preconcebidas.

Isaac ve que el final de su vida está próximo y quiere bendecir a Esaú, el primogénito. Le manda llamar y le pide que le traiga una pieza de caza y se la guise como sabe que le gusta. Tras la comida, lo bendecirá. Rebeca ha estado escuchando la conversación sin ser vista y, mientras Esaú sale de caza para cumplir el deseo de su padre, llama a Jacob y le cuenta lo sucedido. Ella asume el mando de la situación. Se da cuenta de lo que va a pasar y

La casa familiar como hogar de la comunidad se trasladó incluso al lenguaje.

diseña un plan para evitarlo y sustituir al destinatario de la bendición. A continuación, le indica a Jacob lo que debe hacer. Le pide que le traiga dos cabritos del rebaño para que ella los guise. Conoce bien los gustos de su esposo y sabrá complacerle. Sin embargo, Jacob es consciente de las dificultades de este plan. Esaú es velludo mientras que él es lampiño. Su padre se dará cuenta y, entonces, ¿qué pasará si descubre el engaño? También Rebeca tiene una solución para esto. Viste a Jacob con las ropas de Esaú y cubre sus manos y cuello con pieles de cabrito. De esta manera Isaac no será capaz de descubrir el engaño. Pero, si a pesar de todo, Isaac lo descubriera, ella asumiría las consecuencias: «¡Sobre mí tu maldición, hijo mío! Tú obedéceme y basta; ve y me los traes» (Gén 27,13). Con estas palabras el narrador da fe de la determinación, la seguridad y la diligencia de Rebeca que escucha, reflexiona, da instrucciones, asume riesgos, guisa y disfraza a su hijo. Poco después Jacob entra en la estancia de su padre. Isaac solo percibe que el sonido de la voz es distinto, pero todo lo demás funciona. De esta manera Jacob recibe la bendición. Una bendición que no sigue la línea de la primogenitura y que se justifica porque, tiempo atrás Esaú se la había cedido a Jacob a cambio de un plato de lentejas (Gén 25,29-24) y por el designio divino comunicado a Rebeca antes del nacimiento de los mellizos (Gén 25,22-23).

Recurriremos aquí también al arte para interpretar la escena. Conviene recordar que el artista, al plasmar en imágenes un relato, está haciendo una interpretación propia, pues nunca es posible representar con absoluta fidelidad un texto. Los narradores bíblicos dan pocos detalles y el artista debe suplir lo que no está dicho con su imaginación o recurriendo a las convenciones de la época. Dentro del ciclo de Rebeca, tanto el episodio del pozo (Gén 24) como el de la usurpación de la primogenitura (Gén 27) atrajeron la atención de muchos artistas. La primera suele ser una escena amable donde Rebeca es una joven bella y atractiva. En la segunda es una mujer madura, cuando no anciana, en la que no queda rastro alguno de su hermosura y que cubre sus cabellos con algún tipo de tocado. Los cuadros suelen llevar por título *La bendición de Isaac,* en atención a quien pronuncia la bendición, o *La bendición de Jacob,* en alusión a su destinatario. Aunque el relato bíblico no indica que Rebeca estuviera presente en ese momento, los pintores la incorporan en la escena. Sin su intervención, sería difícil entender la sustitución de Esaú por Jacob.

Los pintores del siglo XVII sintieron predilección por este episodio. Algunas de sus obras pueden darnos pistas sobre la interpretación de este relato. Las versiones pictóricas de Luca Giordano, José de Ribera, Matthias Stom y Gioacchino Assereto muestran el episodio completo en una instantánea, lo que obliga al artista a condensar muchos elementos. Todo sucede en una alcoba y la atención del espectador se centra en Isaac, Jacob y Rebeca. Isaac se representa como un hombre delgado y ciego, a menudo semidesnudo, sentado o recostado en la cama que extiende su brazo para tocar a Jacob. Rebeca se encuentra entre padre e hijo o detrás de Jacob. Esaú no aparece en la escena. En cambio, el plato con el guiso es un elemento recurrente. Las miradas y la gestualidad son especialmente significativas y en ellas recaerá nuestra atención.

Presentación de Jacob a Isaac,
Luca Giordano

En el cuadro de Luca Giordano (1650, Museo Nacional de Bellas Artes, Buenos Aires) se modifican las edades de los protagonistas. Jacob, un adulto en la Biblia, se convierte en un muchacho rubio. Rebeca es una mujer robusta que apoya su mano en el hombro del hijo. Una mano fuerte y un muchacho delicado contribuyen a acentuar el papel de la madre como instigadora del engaño y a resaltar la inocencia del joven.

Isaac y Jacob,
José de Ribera

José de Ribera (1637, Museo del Prado, Madrid) representa a Rebeca apoyando su mano en la espalda de Jacob. De esta manera visualiza su participación en la trama y, de alguna manera, descarga de toda responsabilidad a su hijo. Sin embargo, el pintor añade un detalle interesante. Rebeca dirige su mirada fuera del cuadro, conectando con la del espectador. Se trata de una mirada concentrada, incluso podríamos decir introspectiva, que apunta a lo enigmático, a un mundo interior propio de difícil acceso. ¿En qué está pensando Rebeca?

Isaac bendiciendo a Jacob,
Matthias Stom

Matthias Stom (c. 1635, Barber Institute of Fine Arts, Birmingham) utiliza la luz y las sombras para dotar de misterio la escena. Isaac está tendido en la cama. Por su costado derecho aparece un foco de luz. Es paradójico que sea el ciego Isaac la figura sobre la que recae la iluminación mientras madre e hijo permanecen en la semioscuridad. Rebeca sigue en el medio, pero ahora más cerca de Jacob, manifestando que hay dos bandos en la escena y que ella está del lado de su hijo. En la penumbra, también aquí Rebeca dirige su mirada hacia fuera con el índice estirado. Su ensimismamiento nos la muestra sumida en sus pensamientos y, en cierto sentido, ajena al momento.

Isaac bendiciendo a Jacob,
Gioacchino Assereto

Por último, el pintor italiano Gioacchino Assereto (ca. 1640, colección privada) centra su atención en las tres figuras reunidas en torno a un plato de comida. El único mobiliario es la mesa que se encuentra en una esquina. Las figuras están muy próximas entre sí, representadas de medio cuerpo. Isaac palpa el brazo de Jacob, que permanece entre sus padres, mientras Rebeca apoya la mano sobre el hombro de su hijo con el índice extendido, dándole instrucciones. El espectador observa la escena desde muy cerca y percibe con claridad el intercambio de miradas. Isaac, ciego, inclina su cabeza. En cambio, Jacob dirige el rostro hacia su madre estableciéndose una conexión visual intensa, de la que queda excluido el padre. En esta representación Assereto añade un nuevo matiz: la confianza de Jacob en su madre y la complicidad entre madre e hijo.

Rebeca dispone de una información de la que carece Isaac y ha sido el propio Dios quien se la ha comunicado.

Como acabamos de ver, las imágenes constituyen una determinada interpretación visual del relato. Sin embargo, los cuadros se cuelgan de las paredes, permaneciendo ajenos al resto de episodios que conforman el ciclo de Isaac y Rebeca. El espectador realiza la lectura visual sin tener en cuenta los relatos bíblicos. Este «aislamiento», sumado al contexto cultural de la época, ha favorecido una visión negativa de Rebeca como mujer pérfida y manipuladora y, por consiguiente, peligrosa. Solo desde el desconocimiento se puede sostener esta interpretación negativa y prejuiciosa. Hemos visto que Rebeca dispone de una información de la que carece Isaac y ha sido el propio Dios quien se la ha comunicado. Conoce los planes divinos, sabe que la bendición de la promesa recaerá en el menor de sus hijos y por ello tendrá una participación activa para desbaratar los planes de Isaac que, en su ignorancia, se propone bendecir al primogénito. Rebeca no enreda ni manipula, al contrario, cumple los designios de Dios. Sus acciones transforman el previsible error de su marido en un acierto. Y por ello su intervención será decisiva. En este sentido, la investigadora feminista Christine Garside Allen propone sustituir la triada de Abrahán, Isaac y Jacob por la de Abrahán, Rebeca y Jacob, reconociendo su protagonismo en la renovación de la promesa de la tierra y de la descendencia.

Rebeca y tú

Rebeca no es un personaje secundario en este ciclo de episodios asociados a Isaac. Al contrario, en muchas ocasiones ella es la protagonista. Con frecuencia las mujeres bíblicas han sido descritas como personajes «domesticados». Se ha insistido en cualidades como la hospitalidad, la generosidad, la laboriosidad o la modestia. Son virtudes que reflejan a la perfección el modelo de mujer que la sociedad espera de ellas, asumiendo un papel secundario o marginal. Sin embargo, una lectura atenta de los textos nos muestra otra realidad si dejamos de ver en ellas a «la esposa de» o a «la madre de» y les permitimos que hablen con voz propia. En el caso de Rebeca destaca su iniciativa. Es capaz de analizar los acontecimientos y de tomar decisiones al respecto. Establece estrategias para modificar el curso de los acontecimientos. Es resolutiva y decidida. No teme afrontar lo desconocido. Rebeca nos habla de la libertad y de la capacidad que tenemos para asumir el protagonismo de nuestras vidas. Nos empuja a no conformarnos con lo establecido convencionalmente. Nos anima a ver la vida como un proceso en construcción. Rebeca es un personaje inspirador que merece, por derecho propio, formar parte de las mujeres bíblicas que reciben la distinción de «mujeres fuertes». Dolores Alexaindre ha sabido captar su esencia en un poema dedicado a las matriarcas:

Bendita tú, Rebeca,
acequia de las preferencias de Dios.
Vaciaste tu cántaro
para dar de beber a un caminante
y El Sadday te sació a ti
con el torrente de su favor.

Acudiste a Él cuando querías morir
y recibiste un anuncio de vida
del que se te reveló como un Dios
que se inclina por los pequeños
y se pone de parte de los últimos.

Colmada de bendiciones por el fuerte Jacob
atrajiste la bendición para el hijo que amabas
y su aroma fue como el de un campo
sobre el que Dios hizo descender
el rocío del cielo
y derramó abundancia de trigo y de mosto.

En ti, Rebeca, celebramos
el nombre de todas las mujeres
que siguen arriesgándose
por la causa de los débiles
y ponen su audacia y su sagacidad
en preparar y proteger los caminos
de los que no poseen privilegios ni derechos.

43

Esquema visual

sacrificio

esposa

débil

ISAAC Y REBECA

1

bendición

fuente protagonista

2

LA ELECCIÓN DE REBECA (Gén 24)

nacimie

desiert pozo

encuent aqua

"escenas tipo"

cambio=inno

Jacob

Esaú

a Rebeca (Isaac)

promesa

Jacob -Rebeca-

Esaú -Isaac-

huida

ira

estrategia

(Rebeca) interpretar solucionar

Isaac

proteger

belleza=peligro

5

EL PELIGRO (Gén 26)

problema: matrimonios mixtos

je: búsqueda
e esposa

el encuentro
-iniciativa-

quiero ir=
sal de tu tierra
decisión propia
al cuidado

acuerdo

oración

amor
consuelo

EL ENCUENTRO
CON ISAAC 3

LA MATERNIDAD
(Gén 25) 4

estéril

Jacob

promesa

instrucciones
riesgos
iniciativas
construcción

6 LA BENDICIÓN
DE JACOB

Abrahán
Rebeca   Jacob

Para el trabajo individual

- Localiza los verbos de «hacer» y de «decir» en los que Rebeca es el sujeto del episodio de la escena del pozo (Gén 24). ¿Qué te dicen sobre ella?

- Lee detenidamente Gén 27. Después de lo que hemos visto, ¿de qué otra manera percibes a Rebeca?

- Identifica los pasajes bíblicos que desconocías en los que aparece Rebeca. ¿De qué manera te han aportado nueva información sobre ella?

- Contempla la imagen de Rebeca creada por Siona Benjamin –la localizarás con facilidad en la página web de la autora–, ¿qué sientes ante esta representación? ¿Qué preguntas te surgen sobre las mujeres, como Rebeca, que «tienen agencia»?

Dinámica grupal

• Cierra los ojos e imagina un lugar árido, con poca vegetación, donde hay un pozo. Vas caminando y llevas un cántaro para llenarlo de agua. Deja volar tu imaginación y recrea el lugar. Después experimenta qué sientes.

Pasado unos minutos céntrate en el cántaro y en lo que significa para ti. ¿Qué resuena en tu interior? ¿Qué te viene a la cabeza? Puede ser frescor, oscuridad, vida...

Regresa al presente.

• Explora los sentimientos de Rebeca y busca aquellos con los que te has identificado en algún momento de tu vida o en el momento presente. Puede ser la nostalgia por los seres queridos que viven en la distancia, el consuelo y la ayuda que ofrecemos para superar el dolor por la pérdida de seres queridos –gracias a Rebeca Isaac supera la muerte de su madre–, la amargura por los hijos cuyas conductas se alejan de los valores que les hemos inculcado, la pérdida de ilusión por la vida y la sensación de hastío («¿De qué me sirve la vida?»), el estupor y la decepción por los embarazos que se esperan y no llegan, la impotencia ante los conflictos entre los hermanos y la violencia que se deriva de estas situaciones, la percepción de que tenemos mayor complicidad con unos hijos que con otros…

- Escríbele una carta a Rebeca. Cuéntale qué ha supuesto para ti conocer su historia y de qué manera te pueden inspirar sus vivencias.

- Comparte en grupo lo que has comprendido, descubierto o sentido.

Rutinas de pensamiento

ANTES PENSABA,

 ¿Qué ha cambiado en mi pensamiento sobre Rebeca y su historia?

¿Qué me sorprende?

¿Con qué la asociaba?

¿Qué idea previa tenía?

AHORA PIENSO

2

¿Qué nuevas dimensiones
de Rebeca he descubierto?

¿Qué nuevos matices
he percibido?

¿Qué me inspira Rebeca
en mi camino personal?

ANTES PENSABA,

AHORA PIENSO

② •

Bibliografía

Robert Alter, «Biblical Type-Scenes and the Uses of Convention», en *The Art of Biblical narrative*, Basic Books, Nueva York 1981, 47-62. La Biblia incluye relatos muy parecidos que tienen distintos protagonistas. Alter propone una solución a los relatos duplicados y triplicados, al entenderlos como variantes de una convención literaria que se caracterizarían por presentar un esquema común. Entre ellas alude a la «escena del pozo», donde Génesis 24 sería la versión más completa y extensa de este tipo de escena.

Dolores Aleixandre Parra, «Las matriarcas», en Isabel Gómez Acebo (ed.), *Relectura del Génesis*, Desclée de Brouwer, Bilbao 1997. La autora recurre a la «imaginación creativa» como herramienta para profundizar en la historia de las matriarcas y reescribir los textos bíblicos. Recrea ampliaciones de los relatos a partir de lo que no está dicho a la búsqueda de nuevas posibilidades interpretativas. Ofrece sugerentes pautas de lectura.

XABIER PICAZA, *Mujeres de la Biblia judía,* Clie, Barcelona 2013, 52-59. En un tono accesible y divulgativo el autor ofrece un recorrido por los episodios del ciclo de Isaac en los que interviene Rebeca tomando como punto de partida el análisis narrativo de los textos.

GUADALUPE SEIJAS, «Memoria y persistencia de las matriarcas», en NURIA CALDUCH-BENAGES y GUADALUPE SEIJAS (eds.), *Mujer, Biblia y sociedad. Homenaje a Mercedes Navarro Puerto,* Verbo Divino, Estella 2021, 323-339. Las matriarcas han estado presentes en la vida cotidiana de las mujeres judías. Sus historias no son vistas como pertenecientes a un pasado lejano. Al contrario, las sienten muy próximas pues perciben una estrecha sintonía que surge de vivir situaciones parecidas. En este capítulo se incluyen algunas oraciones populares creadas específicamente para ellas donde se establece una conexión real entre las vivencias de las matriarcas y las de sus vidas presentes.

Índice